BIOGRAPHIC
TESLA

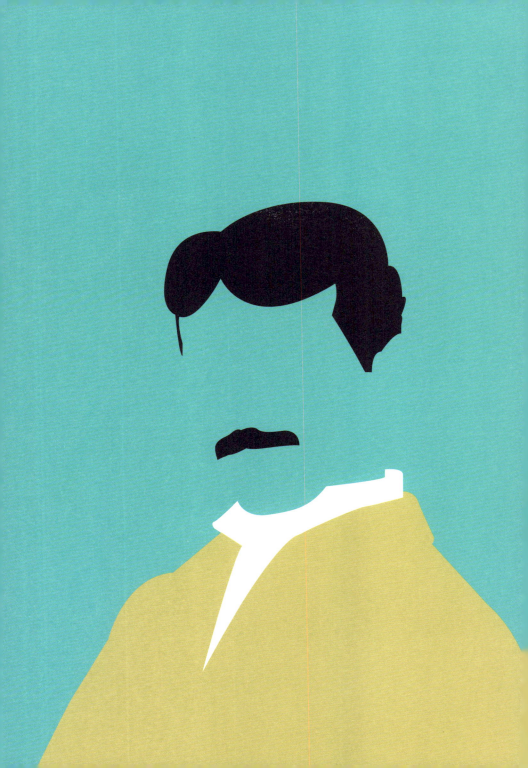

特斯拉传

[英] 布莱恩·克莱格　著

李宁　译

重庆大学出版社

特斯拉传

[英] 布莱恩·克莱格 著

李宁 译

BIOGRAPHIC TESLA

by Brian Clegg

图书在版编目（CIP）数据

特斯拉传 /（英）布莱恩·克莱格（Brian Clegg）著；李宁译. -- 重庆：重庆大学出版社，2020.11
（50 个标签致敬大师丛书）
书名原文：Biographic：Tesla
ISBN 978-7-5689-2210-4

Ⅰ. ①特… Ⅱ. ①布… ②李… Ⅲ. ①特斯拉（Tesla, Nikola 1856-1943）—传记 Ⅳ. ① K837.126.16

中国版本图书馆 CIP 数据核字（2020）第 103218 号

版贸核渝字（2019）第 138 号

Text © Brian Clegg, 2018, Copyright in the Work © GMC Publications Ltd, 2018

This translation of Biographic Tesla is published by arrangement with Ammonite Press an imprint of GMC Publications Ltd.

策划编辑：张菱芷

责任编辑：张菱芷 陆 艳　　装帧设计：琢字文化

责任校对：夏 宇　　　　　　责任印制：赵 晟

*

重庆大学出版社出版发行

出版人：饶帮华

社址：重庆市沙坪坝区大学城西路 21 号

邮编：401331

电话：（023）88617190 88617185（中小学）

传真：（023）88617186 88617166

网址：http://www.cqup.com.cn

邮箱：fxk@cqup.com.cn（营销中心）

全国新华书店经销

重庆新金雅迪艺术印刷有限公司印刷

*

开本：880mm×1240mm　1/32　印张：3　字数：151 千

2020 年 11 月第 1 版　2020 年 11 月第 1 次印刷

ISBN 978-7-5689-2210-4　定价：48.00 元

目录

标志性

当我们可以通过一系列标志性图像辨识出一位科学家时，我们就能意识到，这位科学家和他的发明对我们的文化和思想产生了多么深刻的影响。

介绍

鲜有工程师或科学家像尼古拉·特斯拉那样引起人们的争议。特斯拉1856年出生于克罗地亚的斯米良（Smiljan，当时地属奥地利帝国），他是个天才，也是个怪人。特斯拉的工程能力无人能及，尽管他经常对科学原理知之有限，却依然可以取得技术上的成功。

特斯拉在格拉茨（Graz）奥地利理工学院（the Austrian Polytechnic）没有完成学业就辍学了。在布达佩斯短暂工作一段时间之后，特斯拉移居巴黎，担任了一份改变他生活的工作——在爱迪生电气公司（the Société Electrique Edison）担任电气工程师。两年后，巴黎公司的美国经理应召回国，他把特斯拉也带了过去。

"不久，无需电线传输的能量将跳动着从地球的一端传递到另一端，就像脉搏在生命体内的律动。"

——尼古拉·特斯拉
伦敦电气工程学会演讲，1892年2月

在纽约爱迪生电灯公司（Edison Illuminating Company）工作 6 个月后，特斯拉找到资金，成立了自己的公司。公司仅维持了一年，在这期间，特斯拉开始实验让他后来功成名就的各种设想。美国发明家托马斯·阿尔瓦·爱迪生（Thomas Alva Edison）使用直流电（DC），特拉斯与之竞争的交流电（AC）系统不仅在配电方面更具优势，而且照明效果也更佳，但缺陷是不能驱动电动机。后来，特斯拉开发了一个实用的交流电动机，使交流电更具竞争力。

特斯拉的设计获得了爱迪生的竞争对手西屋电气（Westinghouse）的认可。尽管项目进展缓慢，但西屋支付给特斯拉的资金足以支持他在 1889 年建立自己的实验室并独立工作。在这期间，德国物理学家海因里希·赫兹（Heinrich Hertz）完成了电磁波实验，特斯拉随后开发了特斯拉线圈。线圈能够产生高电压、高频率的电力，这让特斯拉在不连接电源的情况下，用电感应点亮灯泡。

1891 年，特斯拉成为美国公民，开始了他最为活跃的发明阶段。1895 年，他的实验室被烧毁，但受挫的他还是参与了早期的 X 射线实验，并演示了一艘由无线电控制的船模型。特斯拉有一个更远大的目标：不使用电线而进行无线电力传输。特斯拉的这个宏伟设计将使全球无线电通讯成为可能。没多久，伽利尔摩·马可尼（Guglielmo Marconi）抢先发明了无线电。特斯拉声称马可尼窃取了他的理念——事实上马可尼也确实侵犯了特斯拉的一些专利。特斯拉便取消了无线电实验，因为他还没有完全领悟电磁学理论，同时觉得这项技术传播距离太短，不实用。

特斯拉设想把电波发送到全球，再通过空气返回完成电路。1904 年，他终于在纽约长岛的沃登克里弗（Wardenclyffe）建造了一座高达 187 英尺（57 米）的发射塔，这耗尽了特斯拉和他那些支持者的资金，却没有实际的产出。尽管他一直苦心挣扎到 1915 年，项目还是一败涂地。特斯拉的贷款抵押被取消赎回权，沃登克里弗塔也被当作废铁卖掉了。

特斯拉继续他的发明，其中包括无叶涡轮机，但他的事业失去了动力。此后多年，特斯拉一直住在豪华酒店里，偶尔因债务追讨而换个地方，直到 1943 年去世。鸽子是特斯拉余生最好的伙伴，他喂养鸽子，甚至把鸽子带进他的房间。

毫无疑问，特斯拉是一位伟大的工程师，磁通量密度便以他的名字命名，但他的许多设想都近乎于幻想。直到今天，特斯拉仍然是一个让人感兴趣的人物。

"在所有的摩擦性阻力中，最能阻碍人类前进的是无知。"

——尼古拉·特斯拉
《世纪》（*The Century*），1900 年

01
生活

"从富兰克林（Franklin）到莫尔斯（Morse），这些科学家都是头脑清晰的思想家，他们没有提出过错误的理论。今天的科学家思考得很深刻，但不够清晰。一个人必须理智才能清晰地思考，但一个人如果思考得很深刻，他就会疯狂。"

——尼古拉·特斯拉
《现代机械和发明》（*Modern Mechanics and Inventions*），1934 年

尼古拉·特斯拉

1856 年 7 月 10 日出生于斯米良，当时地属奥地利帝国，现属克罗地亚。

特斯拉出生于一个塞尔维亚家庭，跟兄弟姐妹一起住在内陆村庄斯米良，母亲叫杜卡（Đuka），父亲米卢廷（Milutin）是当地的东正教牧师。特斯拉后来回忆说，他的实践能力和非凡的记忆力继承了他的母亲。特斯拉七岁那年，哥哥戴恩（Dane）从马背上摔下来受伤而亡。特斯拉还有两个姐姐，米尔卡（Milka）和安吉丽娜（Angelina），以及一个妹妹玛丽卡（Marica）。戴恩死后不久，父亲换了一个新教区，一家人便搬到戈斯皮奇（Gospić），一个离斯米良只有 4 英里（7 公里）但要大很多的小镇。

常有记录说，特斯拉出生的时候发生了一场暴风雨，闪电击中他家四周的地面。鉴于特斯拉传奇的一生（特斯拉一生与电为伴——译者注），这真是一个不错的故事，事实证明再也没有比这更好的传说了。

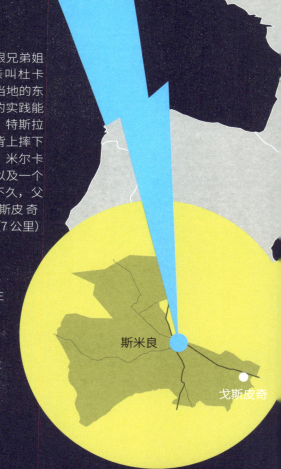

斯米良

戈斯皮奇

克罗地亚

斯米良

同样出生在斯米良的
费迪南德·科瓦切维奇
（Ferdinand Kovačević）
（1838—1913）

工程师和电信先驱

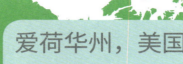

伦敦，英国

维多利亚女王颁发维多利亚十字勋章，表彰克里米亚战争中的勇士。

爱荷华州，美国

第一座横跨密西西比河的铁路大桥开通。

华盛顿特区，美国

民主党詹姆斯·布坎南
（James Buchanan）当选总统。

伦敦，英国

国家肖像艺术馆开馆。

伦敦，英国

威廉·H.珀金（William H. Perkin）生产出世界上第一个合成有机染料苯胺紫，开创了工业化学产业。

历史上的
1856 年

佛罗伦萨，意大

乔瓦尼·卡塞利（Giovanni Case
发明了名为"pantelegraph"自
期传真电报机。

特斯拉家族早在 17 世纪 90 年代就搬到了奥地利帝国，当时正值大土耳其战争——奥斯曼帝国与哈布斯堡帝国、波兰—立陶宛、威尼斯以及俄罗斯之间爆发了一系列冲突。虽然有着塞尔维亚血统的特斯拉家族已经扎根于奥地利帝国的西南边境，即如今的克罗地亚，但他们仍然保留着自己的文化，例如他们前往塞尔维亚东正教教堂而不是奥地利天主教教堂做礼拜。根据奥地利法律，特斯拉家族所在地区是军事边境，因此特斯拉在婴儿时期就被征召加入了第一利卡（Lika）军团，将在 15 岁时开始服役（利卡是克罗地亚的传统地理分区之一，位于克罗地亚的中部地区——译者注）。

特斯拉传

尼泊尔

第 15 峰（后命名为"珠穆朗玛峰"，峰顶南部属尼泊尔）被确定为世界最高峰，海拔 29 002 英尺（8 840 米）。

中国与尼泊尔在 2010 年就珠峰海拔问题达成一致，正式将其高度定为 8 848 米。

——译者注

尼黎，法国

黎条约》签署，克
米亚战争结束。

尼安德河谷，德国

发现首个被确认为尼安德特人的化石。

广东，中国

第二次鸦片战争开始。

巴黎，法国

《巴黎海战宣言》终止了公海私掠。

赫拉特，阿富汗

波斯军队攻占赫拉特城，引发英波战争。

克赖斯特彻奇，新西兰

克赖斯特彻奇（又称"基督城"——译者注）建市。

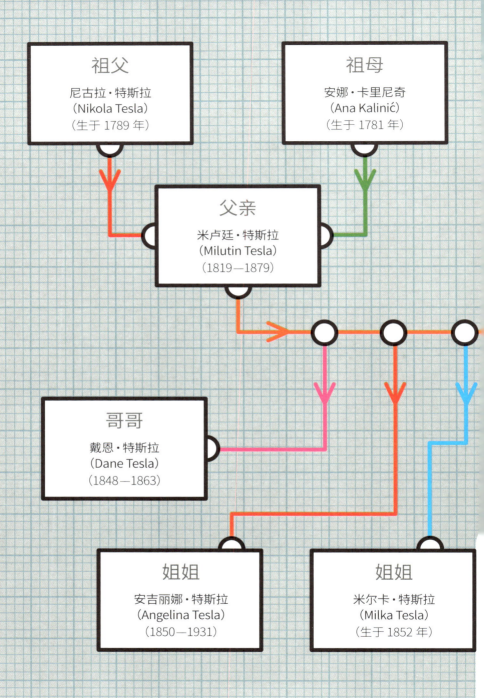

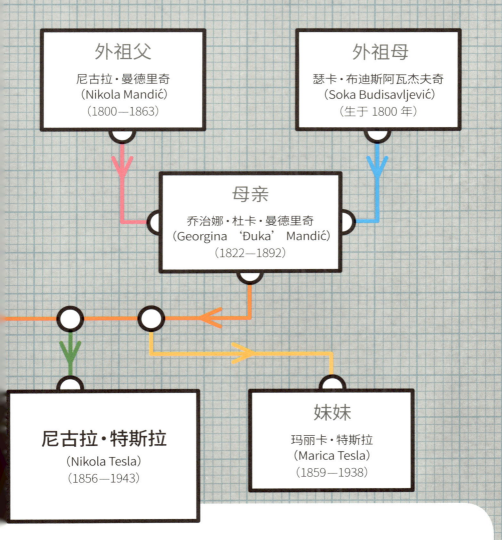

外祖父
尼古拉·曼德里奇
（Nikola Mandić）
（1800—1863）

外祖母
瑟卡·布迪斯阿瓦杰夫奇
（Soka Budisavljević）
（生于 1800 年）

母亲
乔治娜·杜卡·曼德里奇
（Georgina 'Đuka' Mandić）
（1822—1892）

尼古拉·特斯拉
（Nikola Tesla）
（1856—1943）

妹妹
玛丽卡·特斯拉
（Marica Tesla）
（1859—1938）

特斯拉族谱

塞尔维亚语 Tesla（特斯拉）指的是一种刀片与刀柄成直角的小斧头，被用来称呼牙齿外突的人，这可能是特斯拉家族使用这个名字的原因（特斯拉的多个亲人都有牙齿外突的体征——译者注）。特斯拉的祖父尼古拉曾是一名士兵，希望他的儿子米卢廷和乔西夫（Josif）能成为军官。然而，米卢廷觉得军事教育太艰苦，于是离开军校去了一所塞尔维亚东正教神学院。他娶了杜卡·曼德里奇，一个格拉喀奇区（Gračac）牧师的女儿。米卢廷首次任职是在一个沿海小村庄塞尼（Senj），1852 年搬到斯米良。四年后，特斯拉出生。

早年经历

特斯拉早年有一个幸福的家庭，他似乎和他的母亲特别亲近，特斯拉后来把她描述成一个伟大的发明家，双手十分灵巧。然而，特斯拉确实有一些早期的心理问题，他常常描述到，当别人对他说起一个物体，这个物体的形象便会清晰地出现在他的眼前，让他无法分辨看到的东西是否真实存在。特斯拉刚满七岁的时候亲眼目睹了哥哥的死亡，这加重了他的心理阴影。特斯拉不喜欢他在戈斯皮奇的新家，当他从书本中找到慰藉时，他的父亲却千方百计不让他读书。特斯拉在中学和技术学院的学习激发了他的想象力。

1874

特斯拉的父母把他藏在山里，以逃避奥匈帝国军队的征兵。

1870

大病康复后，特斯拉去了离家 93 英里（150 公里）的卡尔士达特（Karlovac）的实科中学（高中）读书。他住在姑妈姑父家。

1856

7 月 9 日至 10 日的夜晚，尼古拉·特斯拉在斯米良出生。

1863

特斯拉目睹哥哥戴恩死于一场骑马事故。

1863

特斯拉随家人搬迁到戈斯皮奇镇，就读于当地的小学和实科中学（实科中学是德国教育体系中的一类着重讲授自然科学和实用知识的中学——译者注）。

1875

特斯拉就读位于格拉茨的乔安尼姆理工学院（Joanneum Polytechnic School）。他获得奖学金的条件是毕业后服役八年。

1877

因为热衷于各种电子设备，特斯拉转学工程学，但他经常逃课，把更多的时间花在了社交和赌博上。

1878

特斯拉大学辍学，搬到马里博尔（Maribor），找到一份工程制图员的工作。

1879

父亲米卢廷去世。

MILUTIN TESLA
1819—1879

1882

特斯拉前往巴黎加入爱迪生公司。

1881

由于资金短缺，特斯拉搬到布达佩斯，并找到了一份电气工程方面的工作。

1880

特斯拉搬到布拉格，希望能在大学开始学位课程。

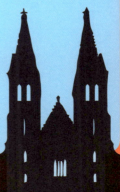
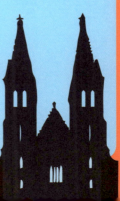

不寻常的行为

特斯拉早期的视觉经历和频繁的疾病发展成了复杂的行为问题。这些问题从他哥哥死后不久开始，随着年龄的增长而愈演愈烈。有些行为可以追根溯源找到原因。特斯拉曾描述一位科学家如何通过显微镜向他展示未经处理的克罗地亚饮用水中的生物体。他描写道："看到这些可怕的生物，它们浑身是毛，丑陋得超乎你的想象，它们互相撕扯，汁液在水中四处扩散，只需观察5分钟，你就再也不想喝哪怕一滴未经煮沸或消毒的水了。"（从此他对未经消毒的水患上了恐惧症——译者注）其他的一些行为，比如对珍珠的厌恶，特斯拉自己都无法解释。

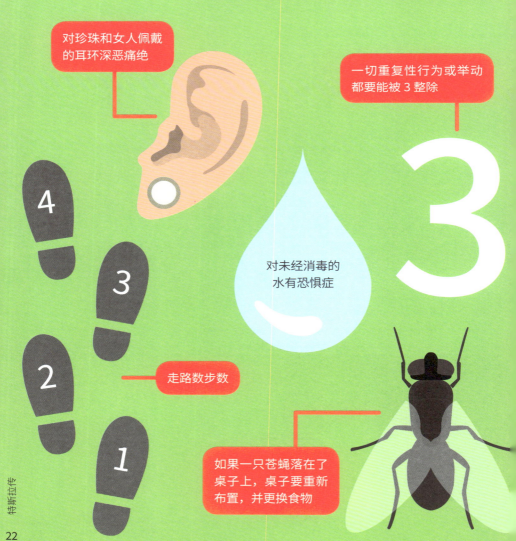

对珍珠和女人佩戴的耳环深恶痛绝

一切重复性行为或举动都要能被 3 整除

3

对未经消毒的水有恐惧症

走路数步数

如果一只苍蝇落在了桌子上，桌子要重新布置，并更换食物

不与人握手

酒店员工必须与他保持至少 3 英尺（1 米）的距离

住酒店时不许别人用他的餐桌

绝不会碰他人头发

吃饭时喜欢计算汤盘、咖啡杯和每份食物的体积，否则便吃得不香。

成年时期

特斯拉为巴黎爱迪生公司工作的经历是他在美国开创伟大新生活的起点。在纽约与爱迪生短暂共事后，特斯拉开始了自己独立的事业，尽管他还得跟一系列公司和金融家打交道，但他再也不只是一名普通员工了。在美国，他似乎发展了第二种人格。特斯拉还是一个高冷的、极具创造力的工程师，他开始喜欢上了展示员的角色，亲自演示他的电子设备，如让电流通过自己的身体来最大限度地宣传他的高压电。

1890

开发特斯拉线圈，生产高频高压交流电。

1884

移民美国纽约，为爱迪生工作。

1887

发明基于旋转磁场的交流感应电动机，可以说这是他最伟大的发明。

1885

与罗伯特·莱恩和本杰明·韦尔（Robert Lane & Benjamin Vail）共同创立特斯拉电灯制造公司。不到一年，公司倒闭。

1891

成为美国公民。

1943

因心脏病在纽约客酒店（New Yorker Hotel）去世。

1915

由于资金枯竭，而且没有证据表明技术有效，沃登克里弗塔被取消了抵押赎回权。

1893

建议尼亚加拉瀑布建筑公司使用两相交流电。

1902

搬到长岛沃登克里弗新的电能传输站点。

1895

特斯拉位于纽约第五大道的实验室被大火烧毁。

1898

演示一艘由无线电控制的船模型。

1899

在科罗拉多斯普林斯（Colorado Springs）建立了第一个电能传输实验站点。

对鸽子的热爱

特斯拉的朋友较少，跟某些人的关系却非常亲密，尤其是美国夫妇罗伯特·约翰逊和凯瑟琳·约翰逊（Robert and Katharine Johnson）。关于特斯拉的性取向存在相当大的争议。特斯拉自述他在斯米良的时候爱上一个叫安娜（Anna）的女孩，这是他一生中唯一一次坠入爱河，后来又争辩说，发明家没有时间去谈情说爱。也有证据表明他是同性恋，很显然，他曾痴迷过一些男人，尽管可能是柏拉图式的，但据说他的这个行为在美国电气工程师学会引起了轩然大波。女人也好，男人也罢，有一件事是肯定的——特斯拉热爱鸽子。

鸽子有

10 000

根羽毛

——尼古拉·特斯拉
《纽约世界》（*New York World*）访谈，1926 年

"有时候我觉得，我不结婚，我就可以为工作付出更多，所以我决定把一个已不再年轻的男人的情感都倾注给这些长着羽毛的家伙……去照顾那些无家可归的、饥饿或生病的飞鸟。这是我生命中的一大喜悦。"

最快的
赛鸽速度可达
每小时 110 英里

mph

鸽子能
分辨紫外线

日常生活

特斯拉每天散步去喂鸽子，守在酒店窗户喂鸽子，在房间里照顾受伤和生病的鸽子。

爱迪生奖章

1917 年，特斯拉本应出席颁奖礼并领取爱迪生奖章，他却失踪了，有人发现他在布赖恩公园（Bryant Park）喂鸽子。

投诉

特斯拉经常收到所住酒店的投诉，因为他的房间里养了太多鸽子。

世界上有

10

亿只鸽子

鸽子有

300

种不同的种类

$2 000

特斯拉自述曾花了 2 000 美元照顾一只断了翅膀和腿的鸽子，他甚至为它制作了一个特殊的支撑装置。

钱，钱，钱

特斯拉的
收入

特斯拉的
投资收益

特斯拉的
债务

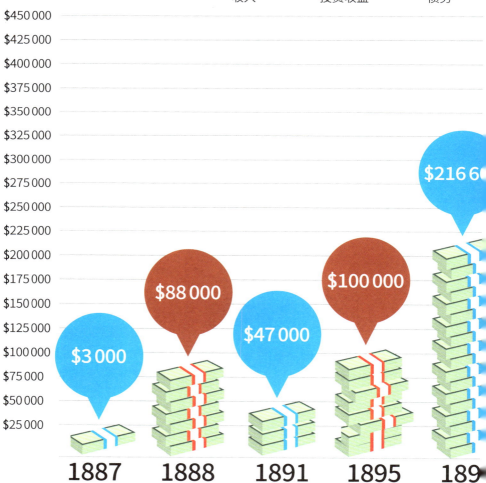

$450 000
$425 000
$400 000
$375 000
$350 000
$325 000
$300 000
$275 000
$250 000
$225 000
$200 000
$175 000
$150 000
$125 000
$100 000
$75 000
$50 000
$25 000

$3 000

$88 000

$47 000

$100 000

$216 60

1887
特斯拉的薪水

1888
获得西屋电气
10年电动机
专利合同

1891
合同撕毁前收
到的款项

1895
来源于爱德华·迪
安·亚当斯水电
站的所得，用于发
展尼古拉·特斯
拉公司

189
西屋电气
给特斯拉
利费用

年轻时的特斯拉穷困潦倒，到美国后，他的经济状况也时好时坏。当特斯拉开始靠自己的交流电动机专利赚钱时，他曾短暂地富有过，他从公寓搬到了一家智能酒店，从此辗转于酒店度过余生。如果某家酒店对他的投诉太多，他干脆不理会该酒店的账单，直接搬到另一家新酒店重新开始。值得一提的是，也许是由于特斯拉的公众形象，似乎没有人愿意起诉他。与此同时，他与 J.P. 摩根（J.P.Morgan）等银行家签订了价值数十万美元的商业合同。

$450 000

$150 000

$30 000

$20 000

$2 000

1899
翁·雅各布·阿斯特四世（John ob Astor IV）特斯拉电力传统的投资

1900
特斯拉的沃登克里弗塔首次预付的设计费

1901
J.P. 摩根对沃登克里弗塔的投资

1916
纽约华尔道夫–阿斯托里亚酒店（Waldorf-Astoria）的未付房费

1930s
纽约宾夕法尼亚酒店（Hotel Pennsylvania）的未付房费

特斯拉之死

1937 年，特斯拉在纽约街头被一辆出租车撞倒，尽管伤势严重，但他拒绝接受医院治疗，因此未完全康复。从 1940 年到 1942 年，他更加严格地控制自己一贯有限的饮食，减少到只吃煮熟的蔬菜，到最后甚至只喝热牛奶。1942 年，特斯拉的健康状况严重恶化，他似乎患上了痴呆症，有一次他甚至派人给 30 多年前就已经去世的马克·吐温送去 100 美元。他在纽约客酒店的房间里独自度过了生命的最后两天，在睡梦中死去。2000 多人参加了 1 月 12 日在纽约圣约翰神明大教堂（Cathedral of St. John the Divine）举行的葬礼。

特斯拉盒子

特斯拉在克林顿州长酒店（Governor Clinton Hotel）留下了一个盒子，作为 400 美元的欠款抵押。他声称里面有一束死亡射线，如果被未经授权的人打开，就会爆炸。科学家约翰·特朗普（John Trump）——总统唐纳德·特朗普（Donald Trump）的叔叔——小心翼翼地打开了盒子，却发现里面只有一个惠斯通电桥，一个简单的电子元件而已。

死亡日期
1943 年 1 月 7 日

终年
86 岁

死因
冠状动脉血栓或心脏病

"听到尼古拉·特斯拉先生去世的消息，总统和我深感遗憾。我们感谢他对科学、工业以及这个国家所做出的贡献。"

特斯拉的骨灰被运回塞尔维亚贝尔格莱德，存放在尼古拉·特斯拉博物馆的镀金球体中。

——埃莉诺·罗斯福（Eleanor Roosevelt，总统富兰克林·罗斯福的妻子——译者注）
1943 年

特斯拉传

02

世界

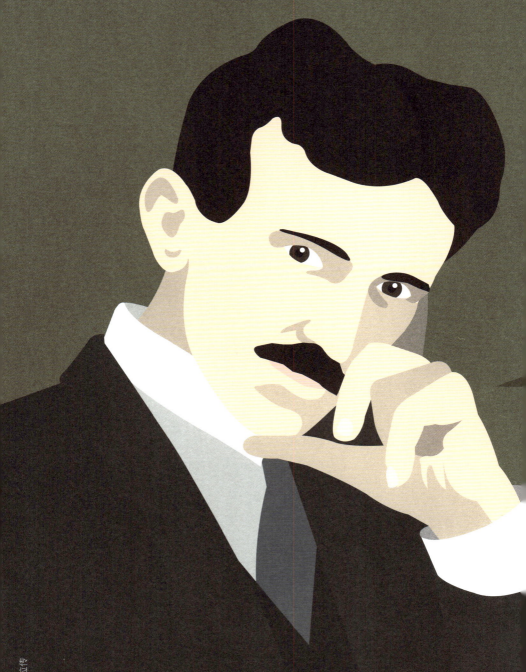

"如果爱迪生想从干草堆里找一根针，他将像勤劳的蜜蜂那样把稻草一根一根地进行检查，直到他找到他搜索的对象……我很遗憾见证爱迪生这样的行为，因为我知道哪怕是运用一点点理论和推算，都可以帮他节约 90% 的劳动力。"

——尼古拉·特斯拉
《纽约时报》（*The New York Times*），1931 年

早期的电

电曾经只是一种用于增强戏剧性效果的展示品，应用范围狭窄，但英国科学家迈克尔·法拉第（Michael Faraday）发明的电动机将电广泛应用到了工业和家庭。电动机出现以前，电力需要生产和分配。刚开始的时候，许多公司纷纷建立起自己的电力系统，通常是在同一个城市就有很多不同标准的公司。第一次电力家用是用于照明，英国发明家、物理学家约瑟夫·斯旺（Joseph Swan）发明了一种实用的灯泡，美国发明家托马斯·爱迪生紧随其后，很快，电气照明高于煤气照明的优势开始显露。但只有当标准统一时，大规模的电力部署才有可能实现。

1884 **7.5** 千瓦

1889 **75** 千瓦

1892 **100** 千瓦

1893 **120** 千瓦

1894 **150** 千瓦

1898 **1 000** 千瓦

1901 **1 500** 千瓦

1905 **3 500** 千瓦

1908 **6 000** 千瓦

1912 **25 000** 千瓦

一般涡轮发电机的功率

1907

电力
供应数据

政府供应商

私人供应商

英国　美国

233

156

3 426

1 252

75%

全英 75% 的供应商拥
有的客户量低于 1 000

2　在英国，只有 2 个
供应商的客户量达
到或超过 10 000

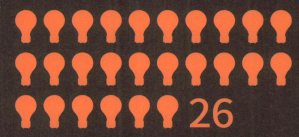

26

26 个英国供应商的
客户量低于 100

33　伦敦有 33 个
供应商

为爱迪生工作

虽然特斯拉为爱迪生工作的时间不算长——他于 1882 年加入了爱迪生公司的法国分公司，1885 年初离开了美国公司——但毫无疑问，爱迪生以及他将其发明转化为长期的商业成功的才能，对特斯拉产生了巨大的影响。特斯拉接受过更好的教育，并不屑爱迪生 "1% 的灵感 +99% 的汗水" 的方法，但他永远不会有爱迪生那样的能力来转化他的发明成果。

爱迪生的发明

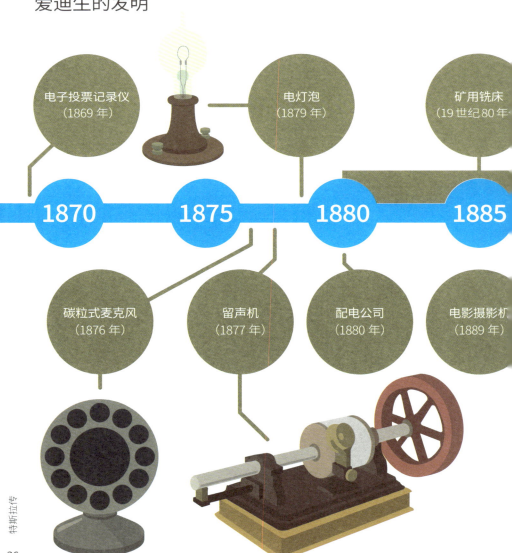

电子投票记录仪（1869 年）

电灯泡（1879 年）

矿用铣床（19 世纪80 年

1870　1875　1880　1885

碳粒式麦克风（1876 年）

留声机（1877 年）

配电公司（1880 年）

电影摄影机（1889 年）

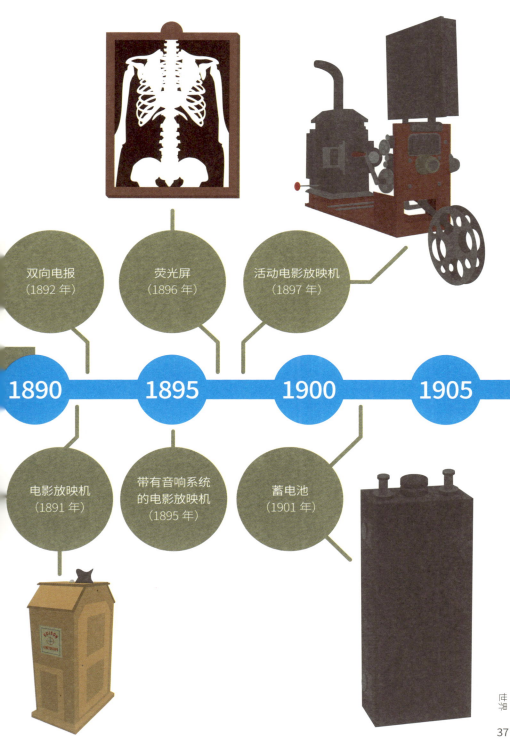

双向电报
（1892 年）

荧光屏
（1896 年）

活动电影放映机
（1897 年）

1890

1895

1900

1905

电影放映机
（1891 年）

带有音响系统
的电影放映机
（1895 年）

蓄电池
（1901 年）

特斯拉在纽约

从 1884 年到 1943 年去世，特斯拉一直住在纽约。在这段时间，这座城市因为特斯拉的工程发明而有了很大的变化，人口也在蓬勃发展。起初，因为习惯了更加国际化的欧洲风格，特斯拉觉得纽约人傲慢无礼、不友好。他写道："我所离开的是多么美丽、优雅和迷人的一切。我在这里看到的都是经过机械加工的、粗糙的、没有吸引力的……'这就是美国吗？'我痛苦而惊讶地问自己，'这可比欧洲晚了整整一个世纪。'"但随着时间的推移，特斯拉爱上了纽约的勃勃生机和"一切皆有可能"的态度。

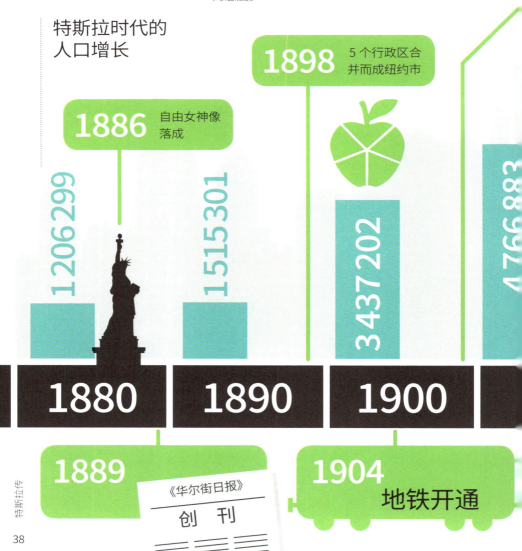

特斯拉时代的人口增长

1898 5 个行政区合并而成纽约市

1886 自由女神像落成

1206299

1515301

3437202

4766883

1880　**1890**　**1900**

1889 《华尔街日报》创刊

1904 地铁开通

1909 连接曼哈顿和布鲁克林区的曼哈顿大桥开通

1931 帝国大厦落成

1930 克莱斯勒大厦落成

1932 无线电城市音乐厅开放

5 620 048

6 930 446

7 454 995

| 1920 | 1930 | 1940 |

1913 中央车站启用

世界

39

上帝说：要有光

1893 年，世界博览会在美国芝加哥举行，主题是纪念哥伦布发现新大陆 400 周年。世博会占地 600 多英亩，旨在展示世界各国的成就。2 700 多万人参观了为期 6 个月的展览。这次活动的规模和壮观程度远远超过往届的博览会，成为美国进步的象征。

博览会有 14 座"宏伟的建筑"（每一座都展示了一个特殊的主题），其中之一是电力大楼，专门用于电力展览。为了给大楼供电并为博览会提供照明，爱迪生通用电气公司（Edison General Electric）以 180 万美元的竞标提供直流电。特斯拉则通过西屋电气以三分之一的价格提供交流电系统进行竞争。爱迪生深知博览会的重要性，提出将其成本降低到 55.4 万美元，但西屋电气再次以 39.9 万美元削价竞标。对于特斯拉和西屋电气来说，这是一个历史性的时刻。

"单单是博览会的耗电量就相当于整个芝加哥市耗电量的三倍。会上所展示的都是工程史上具有里程碑意义的展品，但游客们惊叹的却是看到如此多的灯在同一地点被同时点亮的那份纯粹的美丽。每一栋建筑，包括制造和文艺大厦（博览会最高大的建筑——译者注），都用白色灯泡勾勒出了美丽的轮廓。"

——埃里克·拉森（Erik Larson）
《白城恶魔》
（*The Devil in the White City*）
2003 年

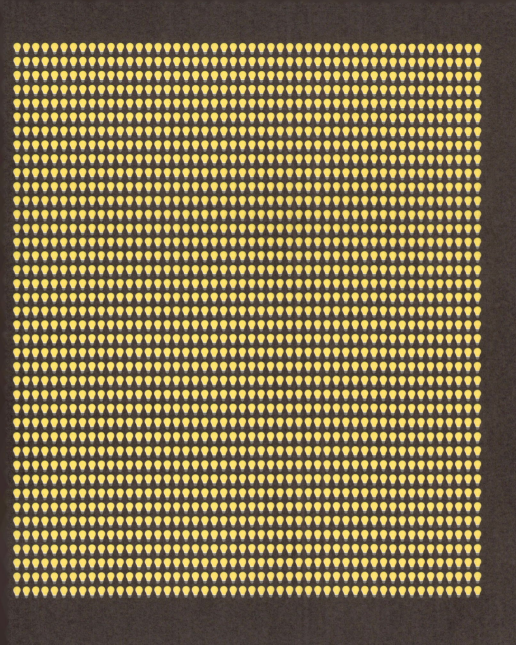

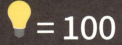 = 100

特斯拉
为 20 万盏电灯供电

特斯拉电动机时间轴

特斯拉的绝大多数发明本质上都属于电气类——无论是作为一个工程师还是一名展示员，他都着迷于电力的整个概念及其用途。特斯拉的电动机设计是一项复杂的工程壮举，但他在公开或私人场合做的各种展示才是真正夺目的炫技。他曾为马克·吐温等名人做演示（特斯拉用他的无线灯泡为其照明，拍下一张照片，照片上马克·吐温的脸被灯泡照亮了，灯泡亮了足足 10 分钟——译者注）。他在实验室里发射人造闪电，无须电线而点亮电灯，或利用通过他身体传导的电流来点亮灯泡。这些五花八门的炫技表明，特斯拉在力求转变，试图将电力从早期的作为娱乐的一种手段，发展成世界不可或缺的能量供应方式。

苏格兰物理学家詹姆斯·克拉克·麦克斯韦（James Clerk Maxwell）向伦敦皇家学会（Royal Society）演绎他的电磁方程。

1831

法拉第发现电磁感应并制造了第一台发电机。

1864

1850

1844

比利时工程师弗洛里斯·洛莱（Floris Nollet）发明了第一台交流发电机。

美国艺术家和发明家塞缪尔·莫尔斯（Samuel Morse）演示电报。 ▶

1878

◀ 英国物理学家和发明家约瑟夫·斯旺制造了一个实用的电灯泡。

600 BCE
古希腊哲学家泰勒斯
（Thales）发现了琥珀
等材料产生的静电。

1600
英国自然哲学家威廉·吉尔伯特
（William Gilbert）首次使用术语"电
气"（electrical）和"电气工程
师"（electrica）。它们源自拉丁
语 electricus，意为"像琥珀一样的"。

1720s
英国自然哲学家斯蒂芬·格
雷（Stephen Gray）发现
了电流、导体和绝缘体。

1820
丹麦科学家汉斯·克海斯提
安·奥斯特（Hans Christian
Ørsted）发现了电与磁力
之间的关系。

1800
意大利科学家亚历山德
罗·沃尔塔（Alessandro
Volta）发明了电池。

1821
英国科学家迈克尔·法
拉第制造了一个简易电
动机。

1827
德国科学家乔治·欧
姆（Georg Ohm）
演示电阻。

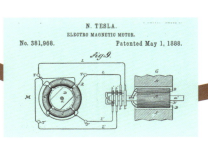

N. TESLA.
ELECTRO MAGNETIC MOTOR.
No. 381,968.   Patented May 1, 1888.
Fig.9.

887
特斯拉为他的交流电动
机申请专利。

43

X 射线参数

1894 年，特斯拉注意到一些摄影感光板在没有曝光的情况下就已经损坏了。这些金属板置放的位置靠近盖斯勒管和克鲁克斯管（Geissler and Crookes tubes，一种高压电通过的真空玻璃管——译者注）。特斯拉没有将研究深入下去，却在 1896 年听说威廉·伦琴(Wilhelm Röntgen) 发现了 X 射线。实际上应该是特斯拉，还有其他几个人，更早无意识地观察到了 X 射线的存在。特斯拉线圈（见第 58 页）是产生强大 X 射线所需高压电的理想材料，尽管特斯拉眼看就要拍出高质量的 X 射线图像，但他却决定不进入该领域，因为真空管的生产过于专业。

56

Ba

137.327

钡

使肠道在 X 射线下可见。

DNA 探索

X 射线用于解构 DNA。

艺术

运用 X 射线深层解密凡·高和达·芬奇等画家的作品。

X 射线空间

落入黑洞的物质发出 X 射线。

特斯拉传

X 射线的第一次

1785 英国伦敦，威廉·摩根（William Morgan）首先注意到了 X 射线的效果（尽管没有发现诱因）。

1886 捷克布拉格，伊凡·普尔威（Ivan Pulyui）观察到放电管导致密封的摄影感光板起雾。

1895 威廉·伦琴有意识地给妻子戴着戒指的手拍了一张 X 光照片。

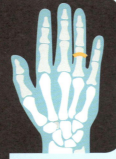

1895 德国慕尼黑，威廉·伦琴在移动样本时无意间用 X 射线拍到了自己的手。

1896 英国伯明翰，约翰·霍尔–爱德华兹（John Hall-Edwards）将 X 光用于医疗，发现了病人手里插着的一根针。

1896 美国新罕布什尔州，吉尔曼·弗罗斯特（Gilman Frost）用 X 光诊断骨折。

1914 玛丽·居里（Marie Curie）在第一次世界大战中发明了移动 X 射线汽车（一种装有 X 光机和摄影暗室设备的汽车，它可以直接开到战场上，军医可以在车上用 X 光来指导他们的手术——译者注）。

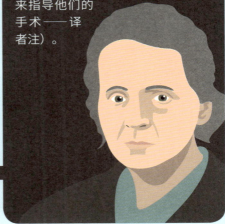

1912 瑞士苏黎世，马克斯·冯·劳厄（Max von Laue）与保罗·奈平（Paul Knipping）和沃尔特·弗里德里希（Walter Friedrich）一起，发现了晶体的 X 射线衍射（后人通过该方法得到了 DNA 分子的结构）。

科罗拉多斯普林斯实验室

3 万美元

约翰·雅各布·阿斯特四世承诺为科罗拉多斯普林斯实验室提供 10 万美元的基金，这是第一笔资金，剩下的 7 万美元从未支付

电能

为科罗拉多斯普林斯市有轨电车提供电能

"向火星发送信号？我有一套装置，毫无疑问我可以做到。"

——尼古拉·特斯拉
《时代先驱报》（*Times-Herald*）
1899 年

5 000 万伏

放大发射机所要求的电压

60 英尺

特斯拉发射机可以给远在 60 英尺（18 米）外的灯泡供电

142 英尺（43 米）高的电塔

最远达到距离：**1** 英里 *

1 800 英里（2 900 公里）离纽约的距离

* 这是特斯拉声称的能量传输所达到的距离，但目击证人只有特斯拉自己。

沃登克里弗塔

特斯拉一生的大部分时间都花在了一个项目上：他希望能向地球上的任何地点传输电力，这意味着近乎即时的通信。无线电报在当时是一个热门的新课题，无线电的实验也在不断发展。但特斯拉认为无线电太弱、太慢，他建议使用电磁波，将电磁波调谐到地球的共振频率，并通过空气完成电路。从科学角度讲，这几乎没有什么可能，但特斯拉先后在科罗拉多斯普林斯和长岛的沃登克里弗建立了试验站，投入了数十万美元，并屡屡宣称他研发的设备即将成功。

资金

J.P. 摩根提供 15 万美元资金，获得沃登克里弗塔 51% 的专利权（特斯拉提出 2.5 万美元的额外预付款要求，但遭到拒绝）；特斯拉个人投资 3.3 万美元；沃登克里弗塔的抵押贷款 1 万美元（后来被取消赎回权）

200 千瓦
放大发射机计划输出功率

居称最远可达到距离：澳大利亚

65 英里 **（105 公里）**
离纽约的距离

187 英尺 (57 米) 高的传输塔

自由能源和阴谋论

互联网上充斥着一群阴谋论者，他们坚信既得利益集团压制了特斯拉的惊人发明。最典型的是一些"自由能源"装置，据推测是特斯拉发明的。这些装置使用线圈和磁铁之间的旋转磁场，据说产生的电力超过它们运转过程所需的电力，使它们成为永动机。但根据物理定律这是不可能的事情。

有些人声称这些装置使用的是零点能量。零点能量是存在的，但不能被使用，因为从定义上而言，零点能量是能量的最低值。特斯拉从未声称自己能生产出"自由能源"，但他的名字却总是与之联系在一起——这诠释了一个典型的特斯拉，他对外宣称的很多设想具有实效，同时却无法实现。相反，特斯拉计划进行无线能源分配，打算出售无线电接收器，并以一定的成本提供能源。

> **"市场不会允许任何自由能源设备的进入。"**
>
> ——尼古拉·特斯拉

为实现"自由能源"而投入的资金：

1901 年，J.P. 摩根投资 15 万美元

$150 000

按大宗商品价格计算

$4 370 000

摩根的投资相当于现在的437 万美元

按劳动价值（非熟练劳动）计算

$19 800 000

摩根的投资相当于现在的1980 万美元

按劳动价值（熟练劳动）计算

$34 500 000

摩根的投资相当于现在的 3450 万美元

$33 000

特斯拉出售个人财产筹集了 3.3 万美元

$124 000 000

按占 GDP 的比例计算
摩根的投资相当于现在的
1.24 亿美元

$10 000

特斯拉从银行贷款
1 万美元

$30 000

特斯拉欠西屋公司
设备费 3 万美元

5 你不知道的
关于特斯拉的五件事

1 爱迪生试图用交流电电死动物，从小狗到大象，以此来诋毁特斯拉和西屋电气的声誉，尽管特斯拉对直流电更危险的断言是正确的。

2 特斯拉在使用多种语言的奥匈帝国长大。他学会了 8 种语言：塞尔维亚 - 克罗地亚语、英语、捷克语、德语、法语、匈牙利语、意大利语和拉丁语。

3 特斯拉的第一个伟大的演示是"哥伦布的蛋"。哥伦布将鸡蛋竖起来（通过敲碎鸡蛋的一端）而赢得了西班牙皇室的资助。受此启发，特斯拉在演示中利用旋转磁场也将一个镀铜的鸡蛋竖了起来（特斯拉因此获得了投资商的赞助——译者注）。

4 特斯拉一生积累了可观的专利。目前确切数字虽不清楚，但他曾在 27 个国家获得 308 项专利。

5 特斯拉最喜欢的纽约餐厅是德尔莫尼科（Delmonico's），但随着年龄的增长，他限制自己只吃非常简单的食物，因而没能品尝到该餐厅的招牌菜纽堡龙虾和炙烤阿拉斯加龙虾。

03
工作

"发明是人类富有创造性的大脑最重要的产物，其最终目的是让人类的思想完全控制这个物质世界，利用人类的天性来满足人类的需求。"

——尼古拉·特斯拉
《电气试验者》（*Electrical Experimenter*），1919 年

感应电动机

特斯拉最伟大的成就是他的交流电动机。当时的直流电动机需要依靠难以维护的电刷将电流传送到转子（电机内部的旋转线圈）。在布达佩斯的时候，特斯拉意识到，如果他能创造一个旋转磁场，就可以在不需要电线连接的情况下，在转子中产生电流。他首先设计了一种多相电机，利用不同的交流电产生不同的旋转磁场。但是一般的交流电是单相的，只有两根电线。为了解决这个问题，他发明了一种方法来分割电流的相位，在电机内部产生相同的效果。

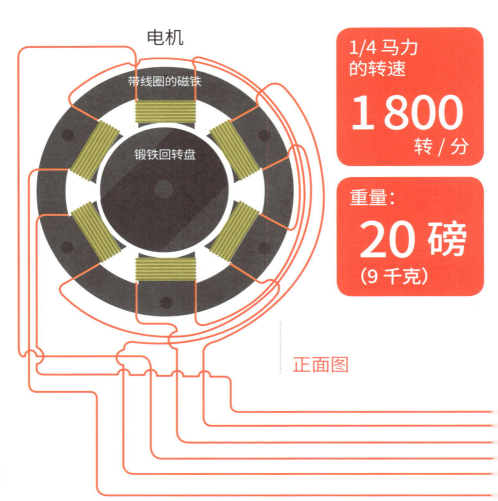

电机

带线圈的磁铁

锻铁回转盘

正面图

1/4 马力
的转速

1800
转 / 分

重量：

20 磅
（9 千克）

特斯拉传

特斯拉申请的 19 项感应电动机专利

1888　0381968　电磁马达
　　　　　0381969　电磁马达
　　　　　0382279　电磁马达

1889　0405858　电磁马达
　　　　　0416191　电磁马达
　　　　　0416193　电磁马达
　　　　　0416194　电磁
　　　　　0416195　电磁马达
　　　　　0418248　电磁马达

1890　0424036　电磁马达
　　　　　0433700　交流电电磁马达
　　　　　0433701　交流电动机
　　　　　0433703　电磁马达

1891　0445207　电磁马达
　　　　　0455067　电磁马达
　　　　　0459772　电磁马达
　　　　　0464666　电磁马达

1894　0524426　电磁马达

1896　0555190　交流电动机

> 特斯拉专利 0381968 号
> 马达和发电机的图解

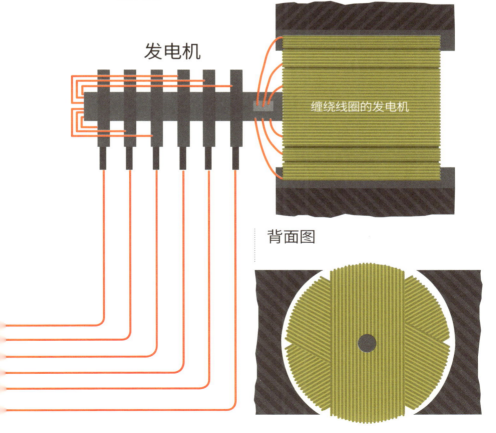

发电机

缠绕线圈的发电机

背面图

电流大战

在早期的电力供应中，交流电和直流电谁将成为标准还不清楚。在美国，爱迪生致力于直流电，而许多竞争对手，尤其是西屋电气，则支持交流电。尽管特斯拉一开始为爱迪生工作，但他始终坚信交流电更具优势，而特斯拉也凭借他的交流电动机成为西屋电气的技术奇才。

交流电通过一个简单的变压器就可以很容易地改变电压，而高电压则可以减少远距离传输的能量损耗。但刚开始的时候，直流电更有市场吸引力，因为直流电动机更容易设计。

到 1887 年，托马斯·爱迪生已经在美国建造了 121 座直流发电站。

1886 年，位于布达佩斯的一家电力公司甘兹工厂（Ganz Works）用交流电为整个罗马市供电。

0V

不同用途：

太阳能板

电池

LED 灯

汽车马达

电气用具

家庭供电

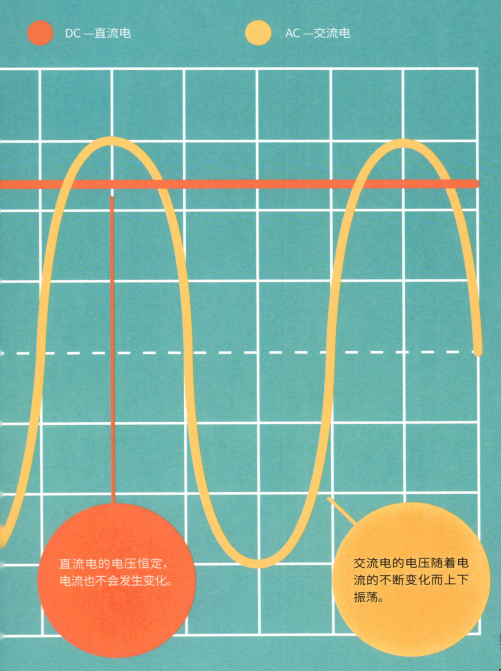

DC —直流电

AC —交流电

直流电的电压恒定，电流也不会发生变化。

交流电的电压随着电流的不断变化而上下振荡。

特斯拉线圈

特斯拉对无线电波的研究促成了特斯拉线圈的开发。早期的发射机需要一组非常快的电脉冲来产生火花和无线电波，但用来实现这一点的设备相当粗糙。特斯拉线圈是一个超前的设计，会产生高压高频交流电，因此直到 20 世纪 20 年代它都被用来生产早期发射机所需的电脉冲。但特斯拉认为，无线电不是进行远距离通信的有效方法，而实现远距离通信是他的终极目标。因此，他把他的线圈应用于一系列其他的演示，包括 X 射线实验和灯泡的无线供电。今天，特斯拉线圈除了用来简便地制造出漂亮的电火花外，几乎没有什么用处。

工作原理

特斯拉线圈由两个部分组成：一个主线圈和一个次线圈，二者通过一个火花间隙（即两个电极之间的空气间隙）形成回路。交流电经由一个能提升电压的高压变压器通过主线圈，给高压电容器充电。当电压足够高时，电荷跃过火花间隙之间的空气，将能量有效地从主线圈转移到次线圈，存储在待释放的环面。特斯拉增加了一个交流发电机的高频输出，这个输出对电路进行了修改，使其增加了电压的谐振升压，从而得到高频高压的输出。

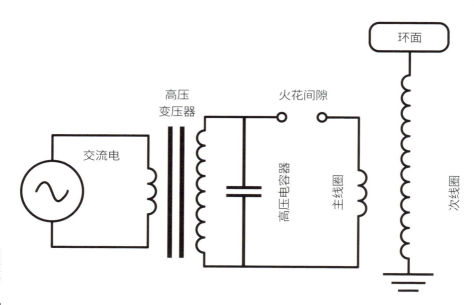

环面

高压
变压器

火花间隙

交流电

高压电容器

主线圈

次线圈

20 英尺　30 英尺　135 英尺

（6 米）　　　　（9 米）　　　　（41 米）

谐振器线圈　　　谐振器线圈　　　所产生的闪电球
直径　　　　　　高度　　　　　　的长度

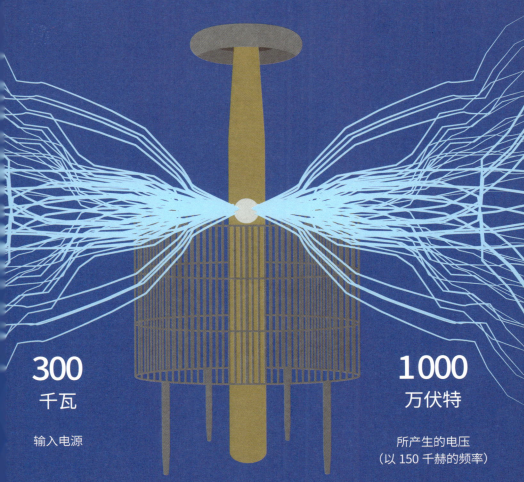

300
千瓦

输入电源

1000
万伏特

所产生的电压
（以 150 千赫的频率）

放大发射器

1899 年，在科罗拉多斯普林斯的实验室里，特斯拉制造了一个改良版的特斯拉线圈。它的直径超过 50 英尺，特斯拉称之为"放大发射器"，并打算利用它将能量以无线的方式传输到远处的接收器。这个线圈与经典的特斯拉双线圈略有不同，次线圈的顶部加入了第三个"谐振器"线圈。

无线照明

在试验新研发的线圈时，特斯拉注意到在某些情况下线圈附近的盖斯勒管会亮起来。盖斯勒管是 1857 年德国物理学家海因里希·盖斯勒（Heinrich Geissler）发明的一种照明方式，也是霓虹灯的原型。这种密封管的两端各有一个电极，内部则是低压气体，当在电极上施加高电压时，盖斯勒管会发光，因为电流从气体原子中移出的电子会回到原来的位置，并释放出光子。特斯拉相信这将会使照明发生革命性的变化，于是进行了各种无线照明演示，一次比一次炫目。

氖

氩

不同气

汞蒸气

氧

水蒸气

氨

氮

生的颜色

氢

氩

振荡器

尽管特斯拉一系列的电气发明令人印象深刻，但其中一项因为包含一台蒸汽机而让人感到意外（这台蒸汽机被认为是新发电机的一部分）。交流发电机通常是一种闭合电动机，线圈在磁场中转动，满足在正常情况下使用电力。但是特斯拉的敏感设备受到了影响，为发电机提供动力的蒸汽机并不是按照完全恒定的速度运行，因此交流电的频率产生了浮动。为解决这个问题，特斯拉设计了"特斯拉振荡器"，一个能产生稳定的高频输出的往复式蒸汽机。

高度：7 英寸（18 厘米）

重量：
1~2 磅
（454~907 克）

压力：
400
磅力／平方英寸
（2.8 兆帕）

蒸汽温度： **200°C**

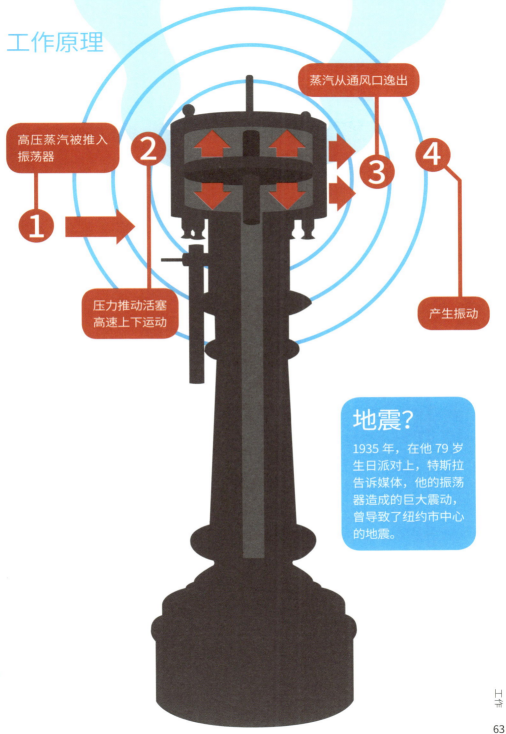

工作原理

蒸汽从通风口逸出

高压蒸汽被推入振荡器

1

2

3

4

压力推动活塞高速上下运动

产生振动

地震?

1935 年，在他 79 岁生日派对上，特斯拉告诉媒体，他的振荡器造成的巨大震动，曾导致了纽约市中心的地震。

开发尼亚加拉大瀑布

1892 年，西屋电气决定竞标为开发尼亚加拉大瀑布提供电气设备。凭借在机车制动器方面的专业知识，西屋电气第一次提出用压缩空气传输电力。瀑布建筑公司（Cataract Construction Company）决定运用电力进行开发。西屋电气用特斯拉的多相电力系统竞标，结合内部开发的技术，能在电力开始传输后将多相交流电转换为单相交流电或直流电。特斯拉宣称开发尼亚加拉大瀑布是他自小就拥有的梦想，他毛遂自荐给项目负责人迪恩·亚当斯（Dean Adams）提供咨询。但出人意料的是，特斯拉推荐的是两相交流电，而不是他通常喜欢的三相交流电。西屋电气最终赢得了合同。

流量：
每分钟
600
万立方英尺
（17万立方米/分钟）

最大落差：167 英尺（51 米

月亮岛

美利坚瀑布

新娘面纱瀑布

坐落在加拿大安大略省和美国纽约州交界处

美国

山羊岛

37

兆瓦

原 10 台涡轮机
的输出功率

4.4

吉瓦

现发电站的
输出功率

马蹄瀑布

尼古拉·特斯拉

特斯拉和爱迪生都出身贫寒，但爱迪生的学习机会比特斯拉少得多，文化修养也不如特斯拉，他们最大的不同就在于他们所接受的教育。虽然特斯拉也没有从大学毕业，但他的物理学和电气工程知识已经达到可以获得学位的水平。爱迪生的发明方法是依靠他人的技术专长，通过各种实验以期成功。特斯拉则倾向于凭借抽象推断展开工作，特别是他的交流电研究。但后来证明特斯拉的这个工作方式有问题；因为他的很多想法往往与科学界的共识有分歧。

终年
86 岁

尼古拉·特斯拉（1856—1943）

家庭

未婚，无子

最伟大的发明

交流电动机　　　特斯拉线圈

引用价值

预测未来科技：
从机器人到移动电话

出生于

奥地利帝国斯米良
（现克罗地亚）

托马斯·爱迪生

84 岁

子女

两次婚姻，每次均育有二子一女

托马斯·爱迪生（1847—1931）

婚姻

第一任妻子玛丽·史迪威（Mary Stilwell），从 1871 年结婚到 1884 年去世，第二任妻子米娜·米勒（Mina Miller），从 1886 年结婚到去世

引用价值

语录，通常是关于毅力和勤奋之类的

最伟大的发明

电灯泡　　　　留声机

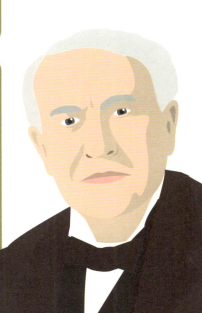

出生于

美国俄亥俄州米兰市

工作

超越时代

特斯拉偶尔会启动一个超越他那个时代的研究项目，但最后却令人遗憾地放弃了，主要是为了专注于无线电力传输的终极研究。他的"远程自动化"（特斯拉对远程控制设备的称呼）研究便是一个例证。1898 年，特斯拉发明了第一艘由无线电控制的船，船上的电动马达、操舵装置、照明装置和爆炸装置都由无线电发射器控制。他使用的无线电装置并不是原创的，而是一种叫作"金属屑检波器"的接收器，这种接收器最初是由法国物理学家爱德华·布隆利（Édouard Branly）在 1890 年发明的，但特斯拉前无古人的无人船模肯定是原创的。

使用磷光灯
1893 年

公共使用
20 世纪 **30**

发明无线电控制船
1898 年

大众普及
20 t

使用无线电
1899 年

提出关于即时通信手持设备的观点
1902 年

提出雷达概念
1917 年

雷达发展时期
20 世纪 **30**

特斯拉传

1890　**1900**　**1910**　**1920**　**1930**　**1940**　**19**

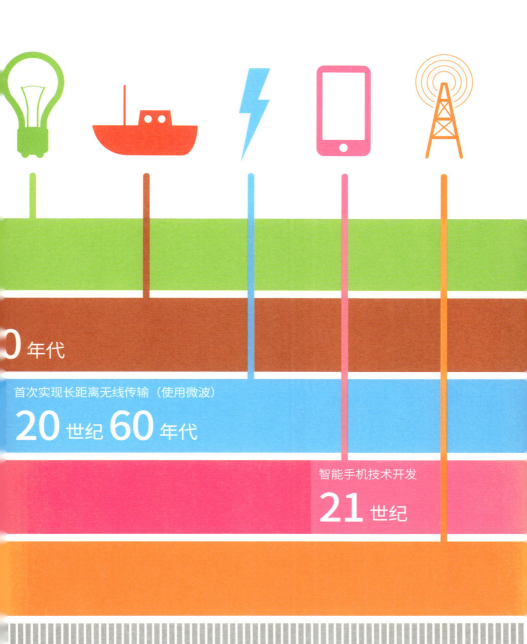

）年代

首次实现长距离无线传输（使用微波）

20世纪**60**年代

智能手机技术开发

21世纪

60 1970 1980 1990 2000 2010 2020

死光?

众所周知，特斯拉声称他将"死光"放在了一个盒子里，用以抵押他的酒店账单，结果打开盒子却发现里面只是一个普通的电子设备。然而，他确实在电子武器的研究上下了不少功夫。

他的电子武器不是一种电波装置，而是打算利用电流推动一个像范·德·格拉夫（Van der Graaf）那样的起电器所产生的粒子流进行高速流动。就像他后来的许多发明一样，粒子束武器未能实现。

目前还不确定他的这个装置是否能给粒子足够的动能或使它们紧紧保持在一个光束中，但特斯拉确实为此做过详细的计划。

能杀死一支

1 000 000
大军

$25 000
特斯拉制造原型机需要 J.P. 摩根提供的资金（未提供）

$25 000
特斯拉将其设计卖给苏联索要的费用（未支付）

$30 000 000
向英国政府提供该系统（应该已开始运作的系统）的要价（被拒绝）

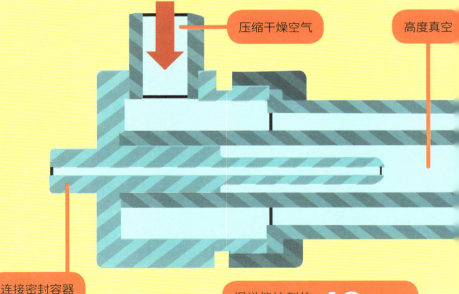

压缩干燥空气

高度真空

连接密封容器

据说能达到的粒子速度： **48** 马赫

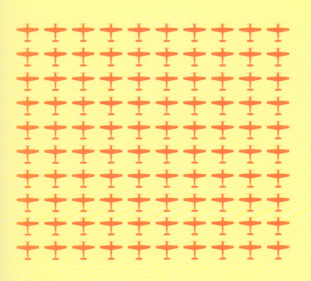

能击落一支拥有

1 万架

敌机的舰队

= 100 飞机

射程：**250** 英里（400 千米）

⚡ **5** 千万伏特

内部
动态压力

外部
静态压力

工作原理

特斯拉提议的装置使用高压电力来加速带电粒子的喷射

声速达到 1 马赫

是真是假？

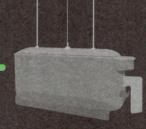

先于伦琴发现了 X 射线

接收到来自火星的信号

发明了无叶涡轮机

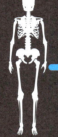

在伦琴之后他很快拍摄了 X 光片，但没有证据表明他在伦琴之前拍过

曾声称收到重复的短码信号。但实际上不太可能是从火星来的

制造了第一艘无线电遥控船

这是真的。他称这个系统为远程自动化

特斯拉创造了许多非凡的发明，尽管其中的一些设想——往往未经证实——大胆得突破了极限。从大学时代起，特斯拉就展示了强大的想象力，其想法仿佛从不受实用性和物理定律的约束。例如，他设想了一种液压系统，通过连接大陆的海底管道发送邮件；还有一种高速运输机制，即围绕地球赤道上空建立一个自由漂浮的轨道环，当下面的地球呼啸而过时，这个轨道环可以停下来连接到地面上的站台（从而实现低成本的货物运输，实现地球到太空之间的往返——译者注）。然而，特斯拉从未声明已将这些设想付诸现实。他的研究范围很广，从非凡的发明到半成熟的理论再到一些不靠谱的想法。

声称只需 6 个月的时间即可建造横跨大西洋的无线信号传输设备

向全世界发送无线电报

未实现

声称曾将电力以无线方式传输到数十英里外

未经证实。没有人（包括他的助手）可以作证

发明了用于能量传输的波，比光的速度还要快

设计了粒子束武器

这是真的，尽管其效果令人怀疑

发明了一种改良版的汽车速度计

发明了用宇宙射线驱动的发动机

 真的

 谬论

 尝试过但失败了

 不明确

5 件你不知道的特斯拉的研究

1 特斯拉观察到闪电之后是倾盆大雨，误认为其中有必然的因果关系，就希望有一天能够用电控制天气。

2 特斯拉有很多骇人听闻的说法，他曾声称他有一个口袋大小的机械振荡器，产生的强烈共鸣震动足以把帝国大厦震塌。可这个说法从未被证实。

3 在 X 射线的实验中，特斯拉一开始认为 X 射线是有益的，但当他和助手被烧伤并开始出现头痛时，他意识到 X 射线的研究应该受到限制。

4 20 世纪 30 年代，特斯拉将机械振荡器连接到一个平台。他和他的助手们站在平台上，觉得这种振动很舒服，但随后他们不得不赶紧冲进厕所。特斯拉认为，该设备可以加速食物的肠道蠕动，因此可能会帮助到那些患有消化疾病的人。

5 特斯拉从事的最后一项发明是一种没有叶片的涡轮机，他使用涡轮圆盘：交流电动机带动螺旋桨，拖动圆盘。无叶涡轮机成功了，但不能达到现有涡轮机的效率。这个设计已被作为泵来使用。

尼古拉·特斯拉

04
遗产

"爱因斯坦的相对论是一件华丽的数学外衣，它使人着迷，使人眼花缭乱，使人看不到潜在的错误。这个理论就像一个穿着紫色衣服的乞丐，被无知的人当作国王……提倡相对论的人是富有才智的人，但他们是形而上学者，而不是科学家。"

——尼古拉·特斯拉
《纽约时报》（*The New York Times*），1935 年

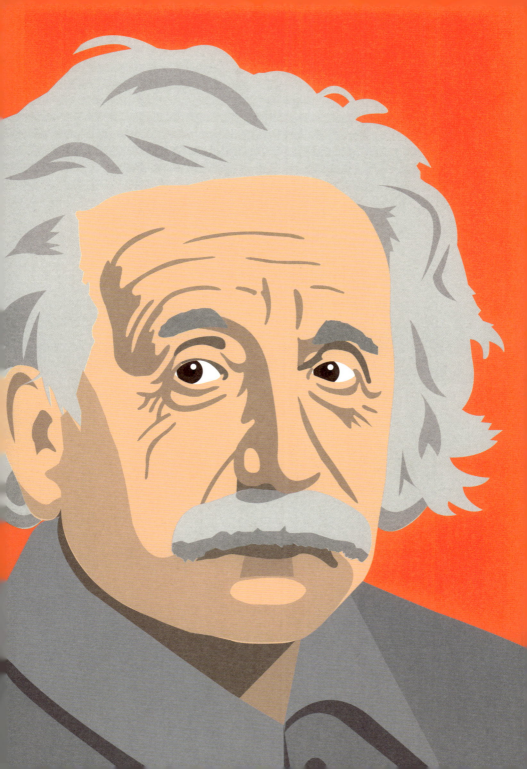

得到认可

特斯拉获得了很多奖项，但从未获得过诺贝尔奖。1915年《纽约时报》闹了一个乌龙，说他将与爱迪生分享物理学奖。1931年，记者肯尼思·斯威齐（Kenneth Swezey）为特斯拉75岁生日举行了一场派对，从此特斯拉便在一年一度的生日宴会上向公众宣布他的最新设想。特斯拉被越来越多地描绘成一个伟大的头脑，媲美爱因斯坦。多年来，他的种种设想被蒙上了神秘莫测的面纱，他的追随者坚信，特斯拉每一个含糊的观点其实都是经过测试的发明，只是被他的反对者所压制而不能实现。随着特斯拉的传奇故事越来越多，他的陈列柜里的奖杯也越来越多。

1894

获得美国费城富兰克林研究所埃利奥特·克雷森奖章（Elliott Cresson Medal of the Franklin Institute）。

1931

荣登《时代周刊》杂志封面。

1934

荣获美国费城颁发的约翰·斯科特遗产奖章（The John Scott Legacy Medal）。

1936

被南斯拉夫政府授予白鹰一级勋章（Order of the White Eagle，Ⅰ Class）。

1895

获得黑山（Montenegro）王室颁发的丹尼洛一世亲王勋章（Order of Prince Danilo Ⅰ）。

1916

获得美国电气工程师学会爱迪生奖章（Edison Medal）。

1926

被南斯拉夫政府授予圣萨瓦一级勋章（Order of St Sava, Ⅰ Class）。

1937

被捷克斯洛伐克政府授予白狮一级勋章（Order of the White Lion, Ⅰ Class）。

1937

获得法国巴黎大学（University of Paris）荣誉博士证书。

1939

取得保加利亚索菲亚大学（University of Sofia）荣誉博士。

特斯拉，特斯拉，到处都是特斯拉

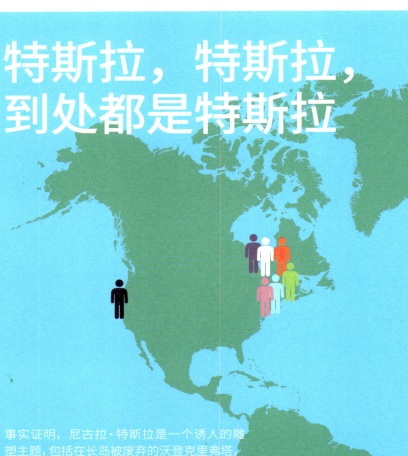

事实证明，尼古拉·特斯拉是一个诱人的雕塑主题，包括在长岛被废弃的沃登克里弗塔，也有一座他的雕像。尼亚加拉大瀑布有两座他的雕像（而他仅仅是瀑布工程的一名顾问）。在他从未工作过的一些地方也会发现他的雕像或半身像，包括耶鲁大学、哥伦比亚大学、阿塞拜疆首都巴库（Baku）、美国旧金山的帕罗奥多市（Palo Alto）和克罗地亚首都萨格勒布（Zagreb）。基座上的特斯拉盯着自己的左膝陷于深深的思考。纽约的塞尔维亚东正教圣萨瓦大教堂（St. Sava Cathedral）也有座特斯拉的塑像，他的追悼仪式就在这里举行，而他的葬礼地点在圣约翰神明大教堂。

塑像和半身像

- 美国帕罗奥多
- 加拿大尼亚加拉大瀑布区维多利亚公园
- 美国纽约州尼亚加拉大瀑布国家公园山羊岛
- 美国纽约州康奈尔大学
- 美国康涅狄格州耶鲁大学
- 美国纽约塞尔维亚东正教圣萨瓦大教堂
- 美国纽约长岛
- 捷克共和国布拉格

- 奥地利维也纳
- 克罗地亚萨格勒布
- 克罗地亚戈斯匹奇
- 塞尔维亚贝尔格莱德
- 尼古拉·特斯拉机场
- 阿塞拜疆巴库

特斯拉
博物馆

与特斯拉有关的最广泛的资料收藏在塞尔维亚贝尔格莱德的尼古拉·特斯拉博物馆，以纪念他的塞尔维亚血统，是当时南斯拉夫的第一个技术博物馆。这座位于贝尔格莱德市中心的建筑原本是一座宏伟的别墅，从 1952 年开始成为特斯拉藏品的所在地，其中包括许多原始文件和文物。特斯拉去世后，他的设备和财产被美国的外国人财产保管办公室（the US Office of Alien Property Custodian）封存起来，最后在特斯拉的继承人，也是他的侄子，萨瓦·科萨诺奇（Sava Kosanović）的极力倡议下被运往贝尔格莱德。博物馆的镇馆之宝是 60 个盒子和箱子。

开放于
1955 年

重建于
2006 年

2016 年，博物馆附近的卡莱梅格丹公园（Kalemegdan Park）修建了一个 1 200 万伏特的特斯拉变压器模型。

塞尔维亚

位于塞尔维亚
贝尔格莱德

超过 **1200**
项科技展品

● = 10 项展品

超过 **1500**
张照片

■ = 10 项展品

16万
余份原始文件

电塔纪念碑

可以说，纪念特斯拉最有意义的丰碑，是一座座跨越乡村的高压三相交流输电塔，诠释了他的工作对人类日常生活的意义。虽然特斯拉不是交流电的发明者，但他是主张使用交流电发电的主要倡导者，而他的交流电动机让更多的人更容易接受交流电的应用。但具有讽刺意味的是，在长距离电能传输中，高压直流电取而代之，因为它对热量的损失更小。例如，大多数国际供电线路现在都是使用高压直流电。

88 000 座
在英国的电塔数量

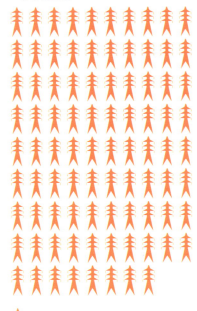

= 1000 座电塔

电塔的种类

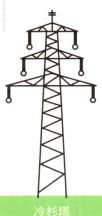

冷杉塔

木桶塔

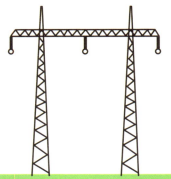

单回路塔

双回路塔

世界最高
电塔
1213 英尺
（370 米）

在中国舟山岛

全世界约有
1700 万
座电塔

电压
500
千伏

英国最矮
的电塔
49 英尺
（15 米）

66
千伏

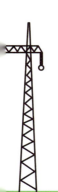

三角塔

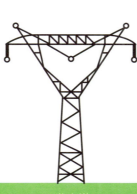

猫头塔

多瑙塔

10 件以特斯拉命名的东西

特斯拉陨石
27 英里（43 公里）宽的月球陨石坑

2244 特斯拉
小行星

$$T = \frac{V \cdot s}{m^2} = \frac{N}{A \cdot m} = \frac{J}{A \cdot m^2} = \frac{H \cdot A}{m^2} = \frac{Wb}{m^2} = \frac{kg}{C \cdot s} = \frac{N \cdot s}{C \cdot m} = \frac{kg}{A \cdot s^2}$$

特斯拉
磁通密度（或磁感应率）的国际单位制

尼古拉·特斯拉火力发电厂
位于塞尔维亚的一座发电厂

贝尔格莱德尼古拉·特斯拉机场

特斯拉汽车公司
一家电动汽车公司

克罗地亚的
128条街道

特斯拉 STEM 中学
美国华盛顿州

特斯拉银行
克罗地亚萨格勒布

特斯拉 美国重金属乐队

特斯拉的关键词

远程自动化

摩根

尼亚加拉大瀑布

无线电

电流

交流电

西屋电气

尼古拉

纪念碑

电动机

时代周刊

无线

实验室

验

室

纽约

电力的

爱迪生

贝尔格莱德

发明

科罗拉多斯普林斯

沃登克里弗塔

频率

传送

特斯拉线圈

无电

机械学

鸽子

世博会

钱

大象

电

特斯拉

涡轮机

电灯泡

工程系

地

塞尔维亚

感应电动机

克罗

直流电

交流电

斯米巴

振荡器

能源

未来主义者

塞尔维亚

电

实验

遗产

21 世纪的特斯拉

几年前，如果在搜索引擎中输入"特斯拉"（Tesla）这个词，就会弹出一大堆散发阴谋论的网站，向你兜售世界上从未见过的特斯拉秘密技术的现代版策划。但现在，头条的搜索结果将会显示特斯拉汽车公司（Tesla Inc.），即埃隆·马斯克（Elon Musk）的电动汽车和电力存储公司，很显然，该公司以这个命名向尼古拉·特斯拉致敬。从某种意义上说，该公司正在努力实现特斯拉的梦想，即能够在世界各地传输电能——尽管是通过电池技术而不是特斯拉致力研究的广播电源。

特斯拉将会感到欣慰，因为特斯拉汽车都安装了交流电动机，尽管使用的是直流电池。

特斯拉公司于 2003 年由马丁·埃伯哈德（Martin Eberhard）和马克·塔彭宁（Marc Tarpenning）创立。

埃隆·马斯克于 2004 年加入该公司。

超级工厂 1 号规划的最终占地面积

1 360

万平方英尺
（126 万平方米）

超级工厂 1 号

建于美国内华达州，是当时世界上第二大建筑。

建筑南北向对齐，方便自动化设备使用 GPS 导航。

相当于一个足球场大小。

100 兆瓦

特斯拉公司于 2017 年 12 月在南澳大利亚推出的世界最大电池的输出功率。

2017 年 6 月

特斯拉公司的市值突破610 亿美元，超过了宝马。截至 2018 年 3 月，特斯拉公司尚未盈利。

490 亿美元

610 亿美元

2017 年 4 月

特斯拉公司市值达 490 亿美元，超过了福特汽车公司。

0 美元

埃隆·马斯克为特斯拉公司带来的收益（2018 年）。

2.28 秒

Model S 型号汽车的零百加速速度（加装了滑稽模式）。

小传

托马斯·康默福德·马丁
Thomas Commerford Martin
（1856—1924）

作为电气工程师和《电子世界》
（*Electrical World*）的编辑，马丁对
特斯拉早期的积极宣传起了很大作
用，但后来他发表了一些贬损特
斯拉工作的文章。

米卢廷·特斯拉
Milutin Tesla
（1819—1879）

特斯拉的父亲是一名塞尔维亚东
正教牧师，他希望特斯拉能子
承父业。特斯拉的哥哥死后，
他们的父子关系变僵。

安东尼·辛吉提
Anthony Szigeti

特斯拉在布达佩斯遇到了辛吉
提，两人一见如故。辛吉提和特
斯拉一起去了巴黎，然后去了
纽约。辛吉提于 1891 年突然
不告而别。

约翰·皮尔波因特·摩根
John Pierpont Morgan
（1837—1913）

摩根是极具影响力的金融家和银行
家。特斯拉说服他投资沃登克里
弗塔，在没有实际产出的情况
下，摩根撤回了部分资金。

乔治·威斯汀豪斯
George Westinghouse
（1846—1914）

正是由于威斯汀豪斯的西屋电气公
司的资助，特斯拉的交流电动机才
得以发展成为一种工作装置，特
斯拉也获得了足够的资金独立
运作自己的公司。

里士满·皮尔逊·霍布森
Richmond Pearson Hobson
（1870—1937）

霍布森是一名海军军官和政治家，经
约翰逊夫妇介绍认识特斯拉，随后他
们成为亲密的朋友。尽管霍布森后
来结了婚，他们还是定期见面。

杜卡·特斯拉
Đuka Tesla
（1822—1892）

特斯拉说他像他的母亲，她经常发明东西，也有一个生动的视觉记忆。他称她是"一个拥有罕见技能和勇气的女人"。

罗伯特·安德伍德·约翰逊
Robert Underwood Johnson
（1853—1937）

作家约翰逊和他的妻子成为特斯拉在纽约最亲近的家人。特斯拉把他们称为 filipov，这个词来自塞尔维亚的一首诗（这首诗歌颂了塞尔维亚黑山英雄 Luka Filipov——译者注）。

约翰·雅各布·阿斯特四世
John Jacob Astor IV
（1864—1912）

阿斯特四世是投资特斯拉照明系统的富商，但特斯拉将这笔钱挪用到他早期的无线电源研究。阿斯特四世死于著名的泰坦尼克号沉船事故。

托马斯·爱迪生
Thomas Edison
（1847—1931）

爱迪生经常被认为是特斯拉的竞争对手，但如果特斯拉没有加入这位发明家在巴黎的公司，他不太可能会有后来的声望。

戴恩·特斯拉
Dane Tesla
（1848—1863）

他是特斯拉的哥哥，在一场骑马事故中丧生，七岁的特斯拉目睹了这一切。特斯拉将自己的强迫症归咎于家庭创伤带来的变化。

凯瑟琳·约翰逊
Katharine Johnson
（1855—1924）

她是罗伯特·约翰逊的妻子，有时她与特斯拉走得更近。她曾经为特斯拉和她的一些女伴牵线搭桥，但都没有成功。

● 家人
● 雇主
● 朋友
● 赞助商

特斯拉在 27 个国家共获得 308 项专利